LA
DETTE ESPAGNOLE

ET LES

PROJETS DE M. SALAVERRIA

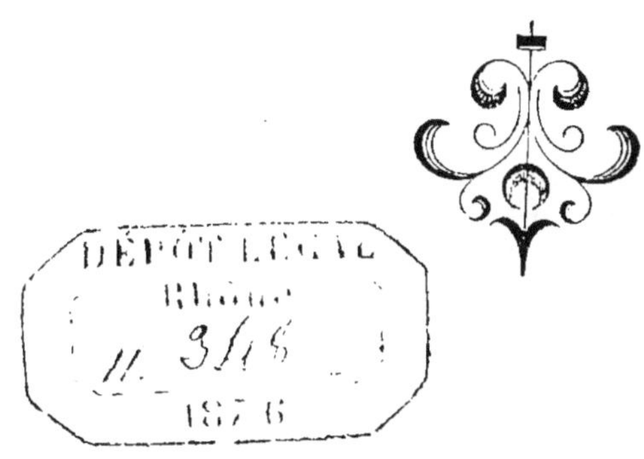

LYON

IMPRIMERIE TYPOGRAPHIQUE BELLON

33, RUE DE LYON, 33

1876

LA
DETTE ESPAGNOLE

ET LES

PROJETS DE M. SALAVERRIA

Ce n'est pas seulement de la surprise et du découragement, mais bien plutôt de la stupeur et presque de l'indignation qu'a produite dans le monde des affaires le rapport de M. Salaverria sur le budget espagnol. On pressentait bien que l'Espagne sortirait toute meurtrie de la longue crise qu'elle vient de traverser, mais il faudrait reconnaître que sa déchéance morale est plus grande encore que sa détresse matérielle, si les représentants de la nation en venaient à approuver les tristes combinaisons qui leur ont été présentées dans la séance des Cortès du 22 avril 1876.

On peut vraiment dire que ce jour-là M. Salaverria, ministre des finances espagnoles est apparu comme une sorte de Bazaine financier, Bazaine inconscient sans doute, mais qui n'en trahissait pas moins la cause sacrée de l'honneur national, en sacrifiant sans pudeur les droits qu'il avait mission spéciale de défendre, puisque les engagements contractés par lui ou par ses devanciers au nom de la nation espagnole étaient placés sous sa sauvegarde aussi bien que sous celle de la foi publique.

On a prétendu que M. Salaverria est un ministre intelligent et consciencieux. Nous ne voulons pas y contredire, mais à coup sûr c'est un sceptique et un pessimiste à outrance ; et à ce double titre il manque absolument des qualités requises pour procéder à la réorganisation des finances espagnoles. Il ne suffit pas en effet pour cette œuvre difficile de montrer une superbe impassibilité en coupant bras et jambes aux créanciers de l'État ! Ce qu'il faudrait avant tout, ce serait un cœur ferme et résolu à employer énergiquement les deux grands spécifiques de tout traitement financier : l'augmentation des recettes et l'accroissement des dépenses.

On pouvait croire au premier moment que les déplorables projets du ministre des finances étaient un ballon d'essai et une œuvre personnelle dont la conscience publique ferait prompte justice ; mais il a bien fallu renoncer à cette illusion quand on a su d'une manière positive que le Conseil des Ministres et le Roi lui-même s'associaient à cette tentative de répudiation de la dette.

Ce qui frappe tout d'abord c'est l'affligeant contraste
entre la ligne de conduite qu'on voudrait tracer aujourd'hui à l'Espagne et celle que les États-Unis et
la France suivirent dans des circonstances assuré-
ment tout aussi critiques. Ces deux nations sans me-
surer leurs forces à la lourdeur du fardeau se sont
spontanément et dès la première heure mises en devoir de remplir tous leurs engagements, et pour
atteindre ce grand résultat ni l'une ni l'autre n'ont
reculé devant les plus grands sacrifices. Aussi leur
crédit un instant déprimé à l'excès et porté au ni-
veau de leur mauvaise fortune, a-t-il repris dès ce
moment un brillant essor. Voudrait-on par hasard
prétendre de l'autre côté des Pyrénées que l'Espagne
a été soumise à une plus rude épreuve que les États-
Unis ou la France.

Qu'on en juge :

Pendant la guerre de la Sécession tous les maux
ont eu en Amérique des proportions excessives. Cette
guerre a mis sur pied non pas des milliers mais des
millions d'hommes. C'a été une immense hécatombe
de citoyens en même temps qu'une gigantesque des-
truction de capitaux.

Le travail a été subitement arrêté sur une étendue
considérable par la désorganisation de l'atelier national, privé à la fois de ses hommes libres et de ses
esclaves. Les matières premières, le coton, notam-

ment, ont dû être demandées par l'Europe à de nouvelles sources ; et en même temps que s'arrêtait la production intérieure , le commerce extérieur était paralysé par les corsaires.

Enfin , lorsqu'après des efforts surhumains la nation eut atteint ce double objectif : maintien de l'Union et abolition de l'esclavage , elle se trouva au lendemain de la victoire en face d'une dette colossale qui devait se traduire par des changements immédiats et profonds dans la vie économique. Eh bien ! croit-on qu'à ce moment il soit entré un seul instant dans la pensée de l'honnête Lincoln de sortir d'embarras en faisant payer les frais de la guerre aux créanciers de l'Amérique ? Ni lui ni ses successeurs, ni le Sénat ni la Chambre des Représentants, ni la presse ou l'opinion, personne enfin n'osa proposer une répudiation de la dette. Et cependant l'exagération de l'esprit d'entreprise a provoqué de l'autre côté de l'Océan des mœurs commerciales qui choquent un peu les rigides notions ayant cours sur notre continent. On pouvait craindre que la morale élastique des particuliers ne déteignît sur la morale et les déterminations des gouvernants. Il n'en fut rien. Les engagements pris furent tenus dans leur pleine et entière teneur : on ne se demanda pas si les détenteurs de la dette étaient des Européens qui allaient réaliser de gros bénéfices comme prix des risques courus et comme rémunération de leur sympathique concours. Ils avaient été au péril , ils devaient être aussi, non pas à l'honneur , mais au profit. On n'essaya pas davantage d'invoquer la force majeure pour échapper à la clause du paiement en espèces ; alors qu'il eût été si avantageux et si commode de payer avec un papier qui subissait une dépréciation de plus de 50 0/0.

Mais pour en venir là, pour sauvegarder ce précieux trésor de l'honneur national, on dut licencier l'armée au lendemain même de la grande insurrection, et après avoir taillé dans le vif de la dépense on ne craignit pas de recourir à la création de taxes formidables. On fit succéder à la grande épreuve par le fer et par le feu cette nouvelle épreuve du bouleversement économique et des écrasantes charges budgétaires. C'est ainsi qu'on acquiert ou qu'on conserve, c'est ainsi surtout qu'on mérite le titre de grande Nation !

Nous voudrions être dispensé de parler de nousmême, et de nous donner comme exemple ; mais il faut bien prendre nos arguments dans les faits contemporains, et il n'est pas d'ailleurs superflu d'établir que le ressort moral n'appartient pas exclusivement à la race Anglo-Saxonne

Il faudrait remonter bien loin dans notre histoire pour trouver une période aussi calamiteuse que celle de l'année 1870-1871, dite l'année terrible. Quelques mots suffisent à raconter l'étendue de nos épreuves : l'Invasion, le Démembrement, la Commune, et la colossale rançon. Ajoutez à tous ces désastres des pertes de toutes sortes, des réquisitions, des frais d'occupation, la perte de notre matériel de guerre et vous n'aurez qu'une imparfaite idée de notre immense détresse. Enfin, il fallait encore au lendemain même de notre défaite songer à nous prémunir le plus promptement possible contre le retour de pareils malheurs. Eh bien ! de tout cela est résultée la Constitution d'une nouvelle dette de plus de 10 milliards, sans compter les emprunts des villes et des départements, et la création de 800 millions de charges supplémentaires à répartir sur une population amoindrie. C'était en définitive une aggravation de 40 0/0 sur les charges publiques. Les anciens impôts ont été surélevés jusqu'aux dernières limites, le double décime de guerre a été rétabli, et les contribuables ont dû se plier du jour au lendemain aux nombreuses innovations d'une ingénieuse fiscalité.

Eut-il fallu faire face à de nouvelles exigences ? ni les résolutions du gouvernement, ni le dévouement du pays n'eussent fait défaut. Aussi malgré les multiples accidents de la politique intérieure, le crédit de la France s'est, pour ainsi dire, retrempé dans nos dernières épreuves, et nous avons le droit de dire qu'il marche de pair avec celui des nations qui tiennent le premier rang.

Et maintenant serait-il vrai qu'il y ait pour l'Espagne des raisons particulières qui l'autorisent à ne pas suivre les nobles traces des Etats-Unis et de la France. A l'impossible nul n'est tenu, dira-t-on. Mais au lieu d'affirmer préventivement et par avance cette impossibilité radicale de faire honneur à ses engagements, pourquoi ne pas essayer, au moins, une courageuse tentative, sauf à reprendre haleine si le fardeau était réellement au-dessus des forces du pays. On voudra peut-être soutenir que l'Espagne est assez mal douée au point de vue économique. Cet argument n'a encore qu'une valeur très-relative. Il résulte, en effet, de statistiques récentes que le progrès est tout aussi marqué en Espagne que dans bon nombre d'autres pays, soit qu'on prenne pour mesure de ce progrès l'accroissement de la population, soit que l'on compare l'état actuel de l'agriculture, du commerce et de l'industrie avec l'Etat antérieur. A tous ces points de vue, les chiffres, loin d'inspirer le découragement, fournissent au contraire des conclusions très-rassurantes ; et l'on peut prévoir presque à coup sûr que l'achèvement du réseau ferré va donner au progrès dans toutes les sphères une accélération très-marquée. Il n'est donc pas vrai de dire que l'Espagne est encore une fois contrainte de recourir à la faillite. Ce moyen commode de se tirer d'embarras n'est plus de notre temps ; l'usage en est désormais exclusivement réservé aux nations qui ne comptent pas : Ce progrès considérable est dû à l'assimilation de plus en plus complète de la morale publique à la morale privée. Il n'est plus permis aujourd'hui, sans abdiquer, sans décheoir, sans être mis au ban des nations de lâcher pied au premier assaut de la mauvaise fortune en se créant une douce existence aux dépens de ses créanciers, et les peuples sont désormais tenus de défendre avec une indomptable énergie le terrain de l'honneur national.

Pourquoi l'Espagne aurait-elle le privilége de faire exception et de se cramponner à de détestables errements? Est-ce que la récidive aurait pour elle un irrésistible attrait? S'il n'en coûte rien à son amour-propre de figurer désormais dans la liste des insolvables au-dessous de la Turquie, de l'Egypte, de Tunis, du Pérou et tout près de l'Haïti et du Honduras, nous la plaignons bien sincèrement ; mais quand on se glorifie d'être la Catholique Espagne on ne peut vraiment accepter d'un cœur léger d'être rayé de l'église universelle des honnêtes gens, ni s'exposer à être assimilé aux plus vulgaires faiseurs de dupes.

« Celui qui hésite à respecter la foi publique, disait Mirabeau, ne peut désarmer l'indignation que par le mépris que doit inspirer sa stupidité. C'est la prudence la plus vulgaire, la sagesse la plus triviale, c'est votre intérêt le plus grossier que j'invoque. Je ne vous dirai plus comme autre fois : Donnerez-vous aux Nations le spectacle d'un peuple assemblé pour violer la foi jurée ; je vous dirai plus : Quels titres avez-vous à la Liberté si dès vos premiers pas vous dépassez les turpitudes des gouvernements les plus corrompus. » Et il ajoutait en adjurant ses collègues de voter les subsides nécessaires pour éviter la hideuse banqueroute. « La banqueroute est un impôt désastreux qui au lieu de peser légèrement sur tous ne pèse que sur quelques-uns qu'elle écrase. » Et qui écraserait la banqueroute de l'Espagne? Ce serait précisément ceux qui depuis de longues années ont eu foi dans son honneur et dans son avenir; ce sont ceux-mêmes qui depuis 1870 lui ont mis en mains les ressources au moyen desquelles elle a vaincu le socialisme et le carlisme et tenir tête à l'insurrection cubaine.

Pour ces grands résultats c'est bien plutôt l'or des prêteurs qui a coulé à flots que le sang espagnol ou l'argent des contribuables. Et par une amère dérision ces prêteurs voient leurs titres bien plus dépréciés après la victoire qu'ils ne l'avaient été dans les plus mauvais jours. Qui sait même si les dernières ressources du Trésor ne sont pas employées à acheter la presse politique et financière dont la manifeste complicité est attestée par la quasi-bienveillance pour les spoliateurs. En tout cas les créanciers de l'Espagne ne peuvent que regretter de ne pas avoir maintenant en face d'eux la république de M. Castelar ou même don Carlos : l'un et l'autre ne les eussent pas plus maltraités, et les conseils que l'on donne au jeune Roi pourront coûter cher à la monarchie constitutionnelle.

Quant aux créanciers, ils savent qu'ils doivent faire la part des circonstances, mais ils ont le droit de demander qu'on les traite mieux dans le présent et le minimum de leurs réclamations peut se formuler dans les termes suivants :

1° Paiement de 1 1/2 0/0 à partir du 1er Janvier 1877.

2° Livraison d'une rente différée de 1 1/2 0/0 transformable en dette active dans un court délai.

Pour cela il ne faut qu'un peu de bonne volonté et d'énergie. C'est ici surtout que vouloir c'est pouvoir. Il y aurait moins d'inconvénient à montrer une confiance téméraire qu'à s'abandonner même avant d'avoir combattu. C'est seulement par un acte de foi, de cette foi qui soulève les montagnes, que les gouvernants et les corps électifs sauront inspirer à l'Espagne la confiance dans l'avenir et le ressort dont elle a besoin pour reconquérir le rang qui lui appartient au point de vue politique, économique et financier. Cet optimisme, cette confiance dans un avenir réparateur qui ont été les traits saillants du caractère de M. Thiers, et qui se sont communiqués à toute la nation, produiraient aussi à coup sûr leur bienfaisante action sur l'Espagne ; et il faut être aveugle pour ne pas voir qu'il en résulterait bientôt une véritable transfiguration.

Pour arriver à donner 1 1/2 0/0 en 1877, 2 0/0 en 1879, — 2 1/2 0/0 en 1881 et 3 0/0 en 1883, on peut recourir à diverses combinaisons qui toutes reposent sur la double base de l'accroissement des recettes et des réductions ou virements de dépenses.

Les réductions devraient porter principalement sur la guerre pour 50 millions, sur la marine pour 7 millions, et au besoin pour 3 millions 1/2, momentanément sur la liste civile.

La réduction de 50 millions sur le budget de la guerre pourrait s'effectuer en quatre années à partir de 1878, époque à laquelle on sera vraisemblablement maître de l'insurrection cubaine.

Il ne faut pas oublier que l'Amérique a procédé avec une bien autre vigueur. Depuis plus de cinquante ans l'Espagne n'a pris aucune part aux conflits européens. Son isolement la soustrait à tous les dangers et à toutes les interventions. Pour elle l'armée ne doit plus être qu'un instrument de police intérieure.

En 1854 la guerre n'absorbait d'ailleurs que 80 millions, et aujourd'hui avec les chemins de fer qui rendent les transports plus faciles et moins coûteux, les concentrations plus rapides, le chiffre de 75 millions semble devoir être très-suffisant. La Belgique très-engagée dans les éventualités de la politique européenne n'a qu'un budget de 37 millions 1/2.

Le budget de la marine peut aussi être ramené à 25 et même 20 millions à partir de 1881. D'ici-là on aurait le temps de reconstituer le matériel naval. Le budget maritime de la Hollande est de 19 millions seulement.

Les convenances exigeraient également que la liste civile fut ramenée de 9 1/2 à 6 millions, jusqu'au paiement intégral de la dette.

Il semble en outre très-bien indiqué d'affecter au service de la dette les 25 millions que M. Salaverria propose de consacrer à l'amortissement. Ce rouage a grande chance de ne plus fonctionner dès qu'il surgira quelqu'imprévu. Il ne peut d'ailleurs fonctionner utilement qu'avec une excessive et permanente dépression des fonds publics. C'est peut-être un bon moyen de préparer un meilleur avenir, mais comme tous ceux que propose M. Salaverria il est foncièrement malhonnête, puisqu'il a pour condition et pour conséquence la ruine des détenteurs actuels.

Enfin, il faut se procurer des ressources nouvelles en se guidant à la fois sur la pratique des autres pays et sur la capacité contributive plus ou moins grande de l'Espagne pour telle ou telle nature d'impôts.

En prenant pour base les chiffres de M. Salaverria, qui inscrit 92 millions pour le service de la dette à 1 0/0, on peut immédiatement servir 1 1/2 0/0 par la création de 46 millions de charges supplémentaires... Dès 1879, le service serait porté à 2 0/0 par l'économie de 25 millions sur la Guerre et le virement des 25 millions de l'amortissement à la dette active. En 1881, on profiterait d'une nouvelle réduction de 25 millions sur la guerre, de 12 millions sur la marine, et l'accroissement normal de l'excédant des augmentations de recettes sur l'augmentation des dépenses fournirait aisément les 9 millions nécessaires pour servir 2 1/2 0/0.

Il resterait à franchir la dernière étape qui conduit au service intégral de la dette, soit 3 0/0. Il faudrait alors un dernier effort procurant 46 millions. Ce dernier coup de collier ne serait pas au-dessus des forces et du patriotisme de l'Espagne.

Ainsi, sans toucher aux combinaisons sur la dette flottante, sans réclamer de distinction entre l'Intérieure et l'Extérieure, sans demander qu'on impose les chemins de fer, on peut affirmer qu'il suffit de vouloir énergiquement pour sauvegarder tous les intérêts.

Qu'on ne dise pas que c'est une utopie. Ce qui serait une utopie, une chimère, ce serait de vouloir fonder la prospérité de la nation sur l'emploi de honteux moyens. Au nom des droits sacrés des créanciers, au nom de la gloire d'un règne qui ne doit pas s'inaugurer par la banqueroute, nous dirons à l'Espagne :

« Espagne! as-tu du cœur? »

Et nous sommes sûr qu'elle répondra :

« L'honneur parle, il suffit : ce sont là mes oracles. »

Lyon.— Imp. du Salut Public.— Bellon, r. de Lyon, 33.

www.ingramcontent.com/pod-product-compliance
Lightning Source LLC
Chambersburg PA
CBHW071637030726
47592CB00005B/1874